SABEDORIA DE

HERMÓGENES

feLicidade

SABEDORIA DE HERMÓGENES

felicidade

Seleção de textos
e organização
Fredímio B. Trotta

1ª edição

Rio de Janeiro | 2014

CIP-BRASIL. CATALOGAÇÃO NA PUBLICAÇÃO
SINDICATO NACIONAL DOS EDITORES DE LIVROS, RJ

H475f

Hermógenes, 1921-
Felicidade / Hermógenes; organização Fredímio Trotta. – 1. ed. – Rio de Janeiro : Best*Seller*, 2014.
il. (Sabedoria de Hermógenes ; 6)

ISBN 978-85-7701-347-0

1. Felicidade. 2. Motivação (Psicologia). I. Trotta, Fredímio. II. Título. III. Série.

13-04319

CDD: 158.1
CDU: 159.947

Título original:
Coleção sabedoria de Hermógenes – Volume 6

Editoração eletrônica: FA Studio

Rua Argentina, 171 — Rio de Janeiro, RJ — 20921-380
Tel.: 2585-2000

Impresso no Brasil

ISBN 978-85-7701-347-0

Apresentação

Numa época já conceituada como "a era das incertezas", desprovida de verdades essenciais, marcada por um incômodo desencanto, pelo fracasso das ideologias, por excesso de informações, consumismo desenfreado e muita ansiedade, os homens clamam por certezas, tensionados entre o efêmero e o eterno.

Quem somos? De onde viemos? O que devemos fazer? Para onde vamos? O que nos move? Qual o nosso papel na grande partitura da vida universal?

São muitas as recorrentes indagações existenciais do homem moderno.

A valiosa obra de nosso querido Mestre Hermógenes nos dá respostas satisfatórias e consistentes a esse ansioso desejo de resposta, equacionando questões cruciais em nossas trajetórias.

Meu desejo com esta coleção, fruto de alguns anos em que me debrucei sobre os mananciais de sabedoria de Hermógenes, na imensa responsabilidade de selecionar e organizar, por livros temáticos, seus mais impactantes pensamentos, é proporcionar ao leitor um encontro fascinante com o melhor de Hermógenes.

Educador, filósofo, orientador e difusor do Yoga, criador de prestigiados métodos de treinamentos para a saúde corpórea, mental e anímica, pioneiro da medicina holística (integral) no Brasil, o Professor Hermógenes, como é mais conhecido nacional e internacionalmente, se dedica ao desenvolvimento físico, psíquico, ético, filosófico e espiritual da humanidade.

De fala tranquila e pausada, cabelos alvos contrastando com os incisivos olhos azuis, generoso e iluminado como só se apresentam os grandes avatares, nosso Professor é um semeador de campos de alegria e bem-estar.

O encontro com Hermógenes é uma aventura empolgante. Um banquete de respostas espirituais, verdadeiro bálsamo para a alma. A consulta diária desta seleção de ensinamentos, poemas, convicções e convocações do Mestre, toca, comove, entusiasma, instrui. Inspira-nos a gestos de grandeza, contribui para o acerto de nossas escolhas, na resolução de questões cotidianas ou mesmo extraordinárias. Refina a razão e a sensibilidade.

Hermógenes, em sua imensa reserva de saberes, toma o leitor pelo braço e nos devolve algo que em algum instante da vida se perdeu.

Alguma coisa muito boa acontece onde o essencial é o Amor.

Desejo o máximo proveito ao estimado leitor.

Fredímio B. Trotta

SABEDORIA DE

HERMÓGENES

felicidade

▪

No momento em que no drama da
criação uma forma de vida,
ultrapassando o viver puramente
instintivo, atingiu a capacidade de
autodeterminação, nasceu o homem.
O até então animal ganhou
consciência e liberdade, mas em troca
se comprometeu com a lei universal,
diante da qual passou a responder por
seus atos. É ele, em toda a natureza, o
único ser com capacidade de fazer
opções, o único a poder traçar seu
destino, e assim guiar-se ou para a luz
ou para a treva,

Continua

Continuação

para o desastre ou para o êxito,
para o sofrimento ou para a felicidade,
para cima ou para baixo, para o medo
ou para a segurança. O homem é,
assim, o artesão de suas dores ou
alegrias, grandezas ou indigências.

(Yoga para nervosos)

▪

▪

A felicidade é a maior conquista
que o homem é desafiado e convidado
a fazer, porque ela lhe é inerente.

(Setas no caminho de volta)

▪

▪

A felicidade, tão avidamente perseguida, acredite ou não, já está conosco, pois ela é a verdadeira natureza essencial e perene de cada um. Ainda não a descobrimos, porque a buscamos fora de nós.

(Cintilações)

▪

▪

A Felicidade é a essência do homem.

(Setas no caminho de volta)

▪

■

A tendência legítima e fundamental do ser humano é a busca da felicidade. Esta, no entanto, nem significa a ausência de adversidade e dor, nem é sinônimo de gozo e prazer. Acho que ser feliz é pairar acima das vicissitudes.

(Yoga para nervosos)

■

▪

É possível ser feliz e livre,
autêntico e forte.

(Sabedoria — Prefácios de Hermógenes)

▪

▪

Felizmente, felicidade não é coisa que os outros nos possam dar. Felizmente, felicidade é também algo que ninguém nos pode tomar.

(Yoga: caminho para Deus)

▪

▪

Para provar que somos a própria felicidade, Sai Baba lembra que, enquanto a criança está no bercinho, tranquila, numa boa, a mãe, despreocupada, continua suas tarefas domésticas. Se, no entanto, o filho começa a chorar, ela larga tudo e vai ver por quê. Estar caladinha, tranquila e dormindo, isto é, feliz, é algo natural. O choro indica algo estranho que não faz parte da natureza do bebê. Baba igualmente observa que, se você estiver bem, sem problemas, isto é, feliz, nenhum amigo pergunta espantado "por que está feliz?".

Continua

Continuação

Felicidade é nossa natureza e por isso não causa espanto a ninguém. Se, ao contrário, nos encontram fora de nosso natural, que é a felicidade, os amigos, estranhando, querem saber por que não estamos felizes.

(Setas no caminho de volta)

▪

▪

Essa amalucada busca aos prazeres, ao gozo, à sensualidade, para quem tem "olhos de ver", é um sintoma de que o homem está procurando ser feliz. Ignorante, supõe que a felicidade essencial está nessa caótica farra hedonista. A felicidade não é para ser criada, mas apenas descoberta, pois já existe na essência humana. Aí está por que digo que a "riqueza", estando ainda perdida da vista, aguarda que a redescubramos. A "riqueza" é também chamada Paz (aquela que não cessa); é chamada Perfeição, pois o homem é infinitamente perfectível; é chamada Amor, Luz, Liberdade verdadeira, Alegria autossuficiente.

(Sabedoria — Prefácios de Hermógenes)

▪

▪

Leve a sério a sabedoria desta advertência. Se você — um caminhante — se render à distração e à atração, corre o risco de abandonar o objetivo magno para a conquista do qual está aqui, dispondo de um corpo. Que objetivo é este? Desfrutar felicidade plena e a liberdade sem fronteiras na paz do Reino de Deus (...).

(Setas no caminho de volta)

▪

▪

Os Grandes Instrutores da humanidade nos querem empenhados na conquista de felicidade perene e incondicional, que é nosso direito divino. Eles nos fazem um auspicioso convite, mais que uma austera e medonha ameaça ou uma reprovação iracunda.

(Setas no caminho de volta)

▪

▪

Saúde, alegria, felicidade e paz só se
encontram no "caminho do meio".
Que caminho é este? — você tem
direito de perguntar.
Caminho da vida entre os extremos,
evitando o exagero seja em que
aspecto for: alimentação, repouso,
divertimento, estudo, alegria, rigidez,
poder, jejum, atividade, austeridade,
folga, moleza...
Manter uma linha de equilíbrio entre
os opostos é indispensável à
manutenção da saúde, da alegria e da
felicidade.

(Deus investe em você)

▪

▪

Existem valores reais e valores quiméricos. Os últimos, cessada a ilusão, só têm a dar a quem os persegue uma profunda frustração. Creio que a felicidade está em colocar os valores reais no alto da escala e, ao mesmo tempo, acautelar-nos contra os pseudovalores.

(Juventude verdade)

▪

▪

Emoções agradáveis, sublimadas,
puras e santas, partidas da mente,
otimizam a dinâmica dos níveis
energéticos, produzindo *eustresse*
(bem-estar, felicidade, euforia),
assegurando a homeostase
(estabilização orgânica) e finalmente
estimulando a eficiência imunológica.

(Saúde na terceira idade)

▪

▪

Para seu próprio bem, trate de cultivar e até mesmo cultuar belas sensações e sentimentos puros e nobres; refugie-se na fortaleza da equanimidade, do contentamento e da alegria. Erga sua cabeça acima dos altos e baixos, ganhos e perdas, vitórias e derrotas. Controle sua imaginação. Discipline a sensualidade. Negue-se à onda frenética de erotismo pervertido e fogoso, desvairado e mórbido, que hoje corrompe a arte, tão imprudente e sofregamente consumida pelas massas psicologicamente manipuláveis.

Continua

Continuação

Vacine-se contra a estética corrosiva de nossa cultura, que é tão devastadora quanto radicais livres, vírus, bactérias e parasitas. Resista à "estética" virulenta e alienante.

(Saúde na terceira idade)

▪

■

A meditação pode abrir-lhe os portais da *eutimia*, e você mergulhará na doçura da paz, na vastidão da harmonia, no reino da indizível felicidade biopsicoespiritual. Os fantásticos efeitos da meditação conducentes à *saúde plena* já foram rigorosamente medidos por numerosas investigações médicas em laboratórios.

(Saúde na terceira idade)

■

▪

Meditar se torna imensamente mais
eficaz quando associado ao correto
amar e ao concreto *agir*. Os três,
mutuamente, sincronicamente,
fecundantemente interagindo,
configuram uma radiosa sinergia,
geradora de felicidade e liberdade,
abrindo o acesso à meta suprema da
existência que é o mergulho
e fusão na Essência.

(Setas no caminho de volta)

▪

■

A pessoa que cultiva a paz, a
felicidade, a saúde, o que há de
melhor em si, usa seu tempo na
procura de saber sobre os aspectos
negativos que ainda tem em si, não
para lamentar, mas para reduzi-los.
E deixa os outros pra lá.
Conhecer os defeitos dos outros
não ajuda.
Atrapalha somente.
Conhecer os nossos nos melhora.

(Deus investe em você)

■

▪

No século VI antes de Cristo o sábio e misterioso Pitágoras, para alguns, o Divino Pitágoras, aos olhos felizes de seus discípulos, para quem "a alma era tida como a harmonia do corpo; a virtude, a harmonia da alma; a saúde, a harmonia de cada um dos elementos da vida corpórea", prescrevia música e ginástica como elementos propiciadores da felicidade.

(Yoga para nervosos)

▪

■

Felicidade se encontra minorando o amor hipertrofiado que temos por nós mesmos, cedendo lugar ao amor que devemos aos outros.

(Cintilações)

■

▪

"Eu e o Pai somos um" é a
proclamação da vitória do Cristo.
Se praticarmos uma vida sábia,
disciplinada e austera, chegaremos
também a dizer algum dia:
"Eu e a Felicidade somos um."

(Setas no caminho de volta)

▪

▪

Se sua felicidade depende de retribuições, admiração, bondade, complacência, compreensão dos outros, é uma felicidade muito infeliz, por ser precária, por não ser autossuficiente.

(Yoga: caminho para Deus)

▪

▪

Felicidade, a verdadeira, não tem fim,
pois independe de fatores externos
sempre cambiantes e incontroláveis.
O prazer decorre da satisfação de
múltipos desejos que nem sempre
conseguimos satisfazer.

(Setas no caminho de volta)

▪

▪

Podemos identificar-nos a um objeto, a um outro ente humano, como a namorada, o filho, a um emprego ou à ribalta. Somos identificados às coisas quando nos sentimos infelizes com a perda, o desgaste ou a decadência de tais coisas. A felicidade de muitos está ligada, às vezes, a acontecimentos em si insignificantes, como a vitória do time de futebol ou do partido político, mas também à manutenção do emprego ou posição de destaque social ou artístico, ao triunfo das ideias ou ideais que professam.

(Yoga para nervosos)

▪

▪

Se condicionarmos nossa felicidade à conquista do que nos agradaria ser, ter ou fazer, ou ao afastamento de coisas, fatos, pessoas e condições que nos incomodam, nunca chegaremos a sentir-nos felizes. O que buscamos nem sempre alcançamos. O que detestamos nem sempre conseguimos afastar.

(Yoga, paz com a vida — Logoterapia para nervosos)

▪

▪

Angústia — este privilégio do bicho homem —, em si, não é infelicidade. Só chega a ser infelicidade na medida em que o angustiado, por ignorância e autopiedade, a enfrenta em mísero estado.

(Mergulho na paz)

▪

▪

Há muito mais pessimistas que otimistas. O que mais se ouve são reclamações, lamentos e ais. Há muito mais rostos tristes que sorridentes. Há muito menos indivíduos corajosos e afirmativos que amedrontados e negativos. É raro encontrar quem tenha paz e seja autossuficiente em seu contentamento.

(Yoga para nervosos)

▪

▪

Descobri que a persistência, quando isenta de ansiedade, que a empolgação serena, que o sempre tentar mais uma vez, que o evitar tensão e impaciência, que o ter certeza na conquista da meta e a concentração inteligente sobre aquilo que se faz são "condições" indispensáveis ao candidato à saúde, à paz e à felicidade.

(Saúde plena com Yogaterapia)

▪

▪

Se alguém quiser lhe vender felicidade
a preços módicos e pelo "facilitário",
não aceite.
Você pode comprar engodos —
prazer, fugas, entorpecentes...
— Mas felicidade, não.
Felicidade não é algo que venha por
mão de outrem, quanto mais sendo
comprada...
Felicidade não é algo que ainda venha
a acontecer, para depois cessar...
É uma condição que já existe, e existe
mais perto de você do que você pode
imaginar.

Continua

Continuação

Ela está dentro do seu coração.
Em relax e meditação, você pode
alcançar como que uma amostrinha
grátis do Reino de Deus.

(Deus investe em você)

▪

■

Pode alguém ser feliz, realizar algo de grandioso, se nutre um estado de ilusão, se vive irresponsavelmente sonhando? Ao contrário: a felicidade é incompatível com o devaneio, com o autoembuste. Enquanto a ilusão nos retém e enfraquece, a *des-ilusão* nos solta, nos torna acessível o mundo da força, a realização da verdadeira Vida.

(Superação)

■

▪

Epíteto, sendo socialmente um escravo em Roma, graças à sua grande visão filosófica, era incomparavelmente mais livre que o poderoso e degradado Nero. Ele fez uma proposta de eterna validade: "Não faça sua felicidade depender daquilo que não depende de você."

(Saúde plena com Yogaterapia)

▪

▪

A felicidade perene não pode ser *aquela que no passado teve início, aquela que foi engendrada e conquistada, mas que em determinado dia cessará.* Não a procure, portanto, na matéria, e sim no Espírito. Por quê? Porque a matéria teve um começo e por isto virá a ter fim. Por que procurar no Espírito? Porque é sem começo e inextinguível, portanto, eternamente o mesmo.

(Dê uma chance a Deus)

▪

▪

Ilusória é a felicidade buscada no
prazer e no *poder* materiais.
Com o correr do tempo, ambos
inegavelmente acabam. São fugidios,
falsos, evanescentes, frágeis, embora
indiscutivelmente sedutores.
E tem mais: quando cessam, deixam
um tremendo vazio amargo e
perturbador. O vácuo do *prazer* é o
pesar e o do *poder*, a *debilidade*. Pobre de
quem constrói sua casa sobre alicerces
tão enganosos.

(Dê uma chance a Deus)

▪

▪

Os que acreditam na felicidade que o mundo pode dar ou emprestar estão anestesiados. E, nesta condição de encantamento, mais e mais se afundam e se consomem, mais e mais se endividam e se exaurem, até que sobrevém a implosão de seu acalentado sistema de valores, prazeres e seguranças. Chegam a um ponto em que nada mais podem tentar... E acaba, assim, a fase assintomática, e sobrevém a privação. Sentem-se perdidos, falidos, exaustos, traídos, desesperados...

Continua

Continuação

Dinheiro, prestígio social, poder
político, prazeres, afazeres, tudo que
até então baseava sua felicidade, o
falso alicerce da casa, tudo
desmorona, esmagando-os. (...)
Enquanto buscavam o mundo, se
alienavam de Deus. Dolorosamente
despertos pela *irmã dor*, agora, só
agora, podem buscar
o Deus do mundo.

(Superação)

▪

▪

Renunciar não significa "largar tudo pra lá" e ficar na penúria. Seria erro acrescer mais um mendigo ao mundo. Administre seus bens, mas sempre vendo o que realmente são — um empréstimo. Ninguém efetivamente é dono. O único dono de tudo é Deus. Não passamos de transitórios administradores. Esta compreensão induz à renúncia inteligente. A vida se torna mais feliz quando despoluída de ambição e apegos.

(Saúde na terceira idade)

▪

▪

O homem pode aproximar-se de Deus pelo trabalho quando, ao executar este, se sente não como o autor da obra, mas, ao contrário, se coloca mentalmente na condição de simples instrumento nas mãos de Deus. Não se considera merecedor de prêmios ou elogios pelo bem que vier a fazer. Esta é a atitude mais apropriada a fazer do trabalhador um homem inteiramente feliz (valores eternos, espirituais).

(Juventude verdade)

▪

▪

Na busca da felicidade, o homem pobre está melhor do que o rico. O homem rico, tendo a posse de muitas coisas, já descobriu que a posse não lhe deu o que andou sempre buscando — a felicidade. Ao contrário. O homem de muitas empresas é um escravo delas. Para manter o que tem ou manter o ritmo de seu adquirir, subir e conquistar, perdeu a possibilidade de parar, de repousar, de isolar-se, de meditar, de salvar-se. Para não perder o que conquistou, nunca mais descansará. Na busca da felicidade, o homem rico está melhor do que o pobre.

Continua

Continuação

O pobre ainda está iludido, supondo
que, só adquirindo riquezas, feliz será.
E, nesta ilusão, empenha-se em
batalhas ansiosas, querendo amealhar
bens, isto é, ilusões. A vida, para ele,
se transforma em luta, em busca de
recursos, dos quais, ainda acredita,
dependerá ser feliz.

(Mergulho na paz)

▪

▪

A busca da felicidade através dos
prazeres, *afazeres* e *haveres* mundanos
tem-se mostrado decepcionante.
Somente a realização divina nos
liberta da ansiedade e da necessidade.
Esta realização não é conseguida
senão através de uma
autotransformação,
de uma evolução nossa.

(Juventude verdade)

▪

▪

Prazer, *poder* e *dever* são os grandes motivos que fazem o homem agir. Se os dois primeiros se subordinassem ao terceiro, tudo ficaria bem, em harmonia, em paz e caminharia para um destino auspicioso. Quando isso não ocorre, a desordem se acentua e tudo caminha para o insuportável.

(Setas no caminho de volta)

▪

▪

Continuaremos infelizes e agitados enquanto imprudentemente pretendermos guardar para sempre o fruto de nossas conquistas, pois são todos temporários. Temos que aceitar, com calma e sabedoria, alguns despojamentos que não podemos evitar. É melhor nutrir a convicção de que somos donos de absolutamente nada. Tudo é emprestado.

(Cintilações 2)

▪

▪

Se alguém tiver a oportunidade de ter uma casa, um automóvel etc., que os tenha, mas não viva para eles nem ponha neles sua felicidade, porque tais coisas estão inevitavelmente condenadas ao desaparecimento na poeira do tempo.

(O essencial da vida)

▪

▪

Em sua próxima crise de relacionamento com alguém, fique alerta contra a tendência infantil de imediatamente inculpar, criticar, acusar o outro, ao mesmo tempo que se inocenta e se faz de vítima. Aprenda a colocar-se mentalmente na posição dele, e procure descobrir onde, quando e como você andou errando, praticando o que pode ter desencadeado o desentendimento.

(Deus investe em você)

▪

▪

Alguém que diga que não pode passar
sem isso e que tem horror àquilo é um
joguete das circunstâncias. Quando
possui ou desfruta as coisas que
"adora", está feliz. Quando lhe faltam,
fica triste e ansioso. Quando consegue
estar distante daquelas coisas que
"detesta", se sente bem.
Quando não, adoece.

(Yoga para nervosos)

▪

▪

Suponho que a multidão alienada fique reduzida por ambições desenfreadas. As pessoas ansiosas e tensas, sem prudência, sem rumo nem repouso, vagam por aí, às cegas, a *mendigar* falsos valores, equipamentos sofisticados de última geração, vitórias efêmeras, tolas conquistas, aplausos fugazes, diplomas nas paredes, títulos honoríficos, citações na mídia, doses de tóxicos, mais dinheiro na conta, votos nas eleições, irresponsáveis orgasmos repetidos, derrota do concorrente, impunidade para seus crimes, taça de campeão para seus times, faixa de vitória para suas

Continua

Continuação

pretensões egocêntricas e quiméricas, e muitas outras quinquilharias impermanentes. Este quadro explica o faturamento gigantesco dos grandes laboratórios produtores de drogas para os nervos. Pessoas assim mendigam besteira, supondo que quanto mais conseguirem acumular, mais felizes se tornarão. Que disparate clamoroso!!! As decepções o tempo se encarrega de trazer, e só então, e não antes, descobrem, já fatigadas, gastas, neuróticas, que erraram muito lutando por quinquilharias que o tempo devora.

(Setas no caminho de volta)

▪

▪

Todas as formas de existência, isto é, todos os seres e coisas, todas as situações e circunstâncias são irremediavelmente transitórias. Assim como vieram a existir virão alguma hora a *des-existir*. Tudo que hoje existe, não sei quando no passado não existia, e também no futuro, que igualmente não sei quando, não existirão. Se sua felicidade, segurança, alegria e paz ainda dependem de coisas, pessoas, situações e circunstâncias, acredite ou negue, deseje ou não, você está caminhando para a frustração...

(Saúde plena com Yogaterapia)

▪

▪

Os santos, mesmo quando martirizados, conseguem ser felizes. Por outro lado, não são raros os suicídios de grandes astros e estrelas que faziam delirar imensos auditórios populares e dos coitados supermilionários e eminências da política. O *prazer* e o *poder* verdadeiros são espirituais e estão mais com o frágil Mahatma Gandhi que com os musculosos monstros, "demolidores do futuro" e todos os ditadores e ricaços enfatuados.

(Dê uma chance a Deus)

▪

▪

A maioria dos homens vulgares, tentando, de maneira vã, um alívio para seus dramas, buscando, sem resultado, um preenchimento para o vácuo de seu viver sem rumo, querendo um lenitivo para seu tédio e buscando uma felicidade mítica, persegue novos e excitantes prazeres sensuais. O que consegue é apenas perseguir miragens, disfarçar a infelicidade, com o consequente agravamento dessa infelicidade e maior desgaste de sua energia nervosa.

(Yoga para nervosos)

▪

▪

A verdadeira felicidade não é
alcançada por atendermos a nossos
desejos. Isto nos cria
um círculo vicioso.
Quanto mais tentamos atender a
nossos caprichosos desejos, mais nos
escravizamos a eles, pois se tornam
cada vez mais exigentes, nunca se
dando por satisfeitos.

(Deus investe em você)

▪

▪

Um ser humano que ame liberdade, saúde, harmonia, paz e felicidade não se submete aos excessos de sua dimensão *eroticus* em detrimento de sua dimensão *sapiens*.

(Cintilações)

▪

■

O guarda noturno perguntou ao
bêbado: "Que está você procurando
aqui, no chão, sob a lâmpada da rua?"
E ele: "A chave da casa."
O guarda: "Perdeu-a aqui?"
O bêbado: "Não. Lá em frente da
casa. Mas lá está muito escuro."
A maioria das pessoas está fazendo
coisa assim — procurando felicidade,
paz, alegria onde nunca irão
encontrar, isto é, nas posses, nos
prazeres grosseiros, no poder, no
cigarro, nas bebidas, nas drogas,
na violência, nos altos *status*,
nas colunas sociais...

(Deus investe em você)

■

▪

A verdadeira felicidade, que é
atemporal, não está com aqueles
robotizados curtidores de conquistas,
vitórias, vantagens e prazeres
efêmeros, os que avançam
no *caminho largo*.

(Setas no caminho de volta)

▪

▪

As pessoas que fazem de sua vida uma caça exaustiva ao dinheiro, uma sôfrega batalha por adquirir mais e mais acumular, um agitado e incessante comprar, vender, faturar, dar lances e mais lances em busca de lucros maiores... não conhecem a alegria do viver ameno, gostoso, sereno, saudável e feliz.

É natural que tenhamos todos de desenvolver uma atividade profissional lucrativa, que chamaríamos nosso negócio, e se falharmos nisto, criaremos dificuldades para nossa família e para nossos semelhantes de maneira geral.

Continua

Continuação

Se negligenciarmos o negócio e
entrarmos em ócio, poderemos perder
a própria saúde.
O negócio, no entanto, não deve ser
o mais importante e essencial em
nossas vidas.
Lado a lado com o negócio devemos
curtir o indispensável ócio.
O ideal é viver entre o ócio
e o negócio.

(Deus investe em você)

▪

▪

É fato comprovado por poucos
homens felizes que, somente depois de
aliviados da cobiça, vieram-lhe às
mãos as coisas que até então haviam
em vão perseguido.

(Yoga para nervosos)

▪

▪

Se para conseguir uma coisa a gente tem de mentir, de trair, de enganar, de praticar crueldade, de esmagar alguém... esta coisa é tão podre quanto os meios e modos de a conseguir. E sabe de uma? Ninguém é feliz e vitorioso, ninguém está seguro e forte, na posse de uma coisa podre.

(Deus investe em você)

▪

▪

Que é infelicidade? É viver mal.
E felicidade? É viver bem. E que é
viver bem?! É estar sempre em paz,
isento de conflitos, sem padecer cisões
dentro de si mesmo; é viver sem
remorso, sem medo, sem dívidas e sem
dúvidas. Viver bem é gozar a condição
de sorrir por não temer o "castigo de
Deus" (?!). É poder, sem receio e sem
acanhamento, invocar Sua Presença.
O maior sofrimento de um descarado
farsante, de um prevaricador, de um
embusteiro é ter de afastar-se e
esconder-se de Deus.
A hipocrisia é aquilo que mais nos
priva de Deus.

Continua

Continuação

Para os erros dos "pecadores"
comuns, Jesus só teve perdão.
Ele só não perdoou os hipócritas, pois
a hipocrisia nos incapacita para
o arrependimento e, portanto, para o
nunca negado perdão de Deus.

(Deus investe em você)

▪

▪

A infelicidade é o preço da hipocrisia.

(Deus investe em você)

▪

▪

Todo santo e caridoso tem um encontro com a felicidade. Todo bandido (usando revólver ou caneta) tem, da mesma forma, um encontro com a dor, mesmo que confie na "justiça" corrupta que lhe venda uma suposta e impossível impunidade. Nosso hoje foi programado pelas ações do ontem. Nosso futuro estamos programando agora.

(Saúde plena com Yogaterapia)

▪

▪

Sentimentos destrutivos dirigidos a inimigos e desafetos podem atingi-los dolorosamente, mas, esteja certo, quem os emite igualmente é atingido. É o conhecido efeito bumerangue. Cumpre-se a "lei do retorno". Ódio, rancor, ressentimento, pensamento cruel... são incompatíveis com aquilo que todos desejamos — tranquilidade, bem-estar, saúde, vigor, felicidade...

(Saúde na terceira idade)

▪

▪

O ego pessoal é o nosso maior obstáculo, nosso maior adversário; é quem emperra o processo de iluminação, de conquista do Ser Real que somos, da Consciência absoluta e da Felicidade Suprema.

(O presente)

▪

▪

Enquanto você viver ultraconcentrado sobre si mesmo, buscando evitar sofrimento e, por outro lado, querendo gozar mais, e, assim, sem tempo para amparar, ajudar e servir seus semelhantes; enquanto você viver egoisticamente, não terá sucesso, não saberá o que é viver em paz e feliz. Ninguém consegue conquistar, por seus pequenos esforços e parcos recursos, sua própria felicidade indiferente ao sofrimento geral.

(Deus investe em você)

▪

▪

Se você procura gozar, acumular, subir, apossar-se, apegar-se ao que considera importante, e, para tanto, não vacila em produzir sofrimento, despojamento, rebaixamento, carência, servidão em outrem; se tenta ser feliz e, para tanto, indiferente a que sua felicidade pessoal produza infelicidade em outrem e ainda, para anestesiar sua culpa, pensa: "que se danem, azar o deles", é seu lado diabólico que age, é seu ego conseguindo afundar você nas trevas da *"distância"* e da *"diferença"*, é seu egoísmo empurrando você para a ruína.

(Setas no caminho de volta)

▪

▪

A infelicidade é proporcional ao grau de *egosclerose* que, nos dominando, nos incapacita para o amor, para a saúde, para a paz e para a felicidade.

(O essencial da vida)

▪

▪

Quanto mais egoísta, mais imoral, mais violento, mais apegado, mais medroso, mais infeliz é o indivíduo, não importa o vulto de seu patrimônio ou o himalaia de seu *status*. É isto que deve ser compreendido.

(Convite à não violência)

▪

▪

Temos que já não mais sentir piedade
nem orgulho de nosso eu inferior,
precisamos não valorizar tanto nossa
tão estimada personalidade. Só então,
não mais estamos fazendo nossa
felicidade depender da ausência
do sofrimento, nem da presença
do prazer.

(Superação)

▪

▪

Os homens ego-afirmados, "assumidos", donos de poder e libertinos, que têm conseguido? São felizes? Não o são! O gozo que desfrutam não é felicidade. O poder que pensam ter acaba no último suspiro ou muito antes. O *status*, a fama, o sucesso têm perenidade? Não. A humanidade, que, podemos dizer, já bebeu as últimas gotas do prazer, é sadia ou insana? A sociedade humana goza de segurança, de harmonia, justiça?! Não mesmo!!!

(O essencial da vida)

▪

▪

Ahamkara ou o egoísmo é a fonte
permanente de todas as peçonhas,
de todo estresse, de toda violência e
de toda infelicidade pessoal e coletiva.
No entanto, sempre o estamos
defendendo, inflando e fortalecendo.
É assim como se alimentássemos uma
grande serpente que nos esmaga com
seu mortal abraço.

(O essencial da vida)

▪

▪

Um "normótico" é o tipo engendrado pela coletividade, por ela condicionado, e dela dependente. É o tipo tido por "normal" na sociedade em que vivemos. "Normótico" é o "mesmificado", que, sempre buscando ajustar-se ao coletivo, perde sua identidade, e faz todas as concessões, aderindo à dança dos modismos que se sucedem. É subserviente à moda, e, sem a mínima possibilidade de optar e discordar, adota as mesmas ideias, entroniza os mesmos valores, segue os mesmos líderes, consome os mesmos produtos, usa as mesmas vestimentas...

Continua

Continuação

É um robô acionado pela batuta do *marketing*. Inconsciente da importância do viver livre e autêntico, está perdido de si mesmo, deixando-se ser arrastado pela pressão da cultura de sua época. Ele é infeliz mas não sabe. As coisas, os prazeres e as pessoas que consegue comprar oferecem-lhe efêmera felicidade embusteira, com a qual, a princípio iludido, se entretém.

(Saúde plena com Yogaterapia)

▪

▪

Na ânsia por uma mal-entendida liberdade, certos "normóticos" neuróticos confundem o ser feliz com o ser devasso, "assumido", "liberado", e se sentem à vontade em "curtir um barato", embora depois recaiam trágicas consequências sobre eles: escravidão ao traficante, Aids, demência. Ao que não sabe o que é a verdadeira liberdade, eu lembraria que ela *é a capacidade de não fazer aquilo que não se quer ou que se precisa não fazer*. Não é o fazer aquilo que se deseja fazer.

Continua

Continuação

Muitos jovens, confundindo a liberdade com outra coisa, às vezes rompem com violência seus vínculos com o lar, e se entregam a uma aventura que, a princípio, pode até ser ventura, mas inevitavelmente acaba em desventura.

(Saúde plena com Yogaterapia)

■

▪

Porque nem imagina quanto o amor e a felicidade nos completam, o "normótico" confunde os simples desvarios sensuais com ser feliz. E o sentimento de posse do outro e o ciúme, que são apego-dependência, ele confunde com amor.

(Saúde plena com Yogaterapia)

▪

▪

Sofrimento se vê mesmo é na vida "normótica", não obstante, muitas vezes, seja farta de gratificações e curtições, isto é, farta de prazeres, mas não de felicidade. Os sacrifícios no "caminho estreito", significando essencialmente tornar sagrado todo ato que se pratica, por torná-lo oferenda a Deus, nos propiciam verdadeira e duradoura felicidade.

(Saúde plena com Yogaterapia)

▪

▪

Se você tem cometido o erro de reconhecer-se vazio de muitas coisas e, no sentido de preenchê-las, vive a solicitar do mundo e dos outros que lhe concedam favores, que lhe atendam os rogos, você dificilmente será feliz. Primeiro, porque o mundo não gosta de atender aos vazios, aos indigentes, aos dependentes, aos que se reconhecem fracos, incompletos, carentes de respeito, desamados, incompreendidos, necessitados, deserdados...

Continua

Continuação

Em segundo lugar, porque você se está enterrando na infelicidade ainda mais, pelo fato de reconhecer-se carente, decaído, necessitado, fraco, incapaz, miserável; por estar criando um autorretrato negativo e mórbido.

(Yoga para nervosos)

▪

▪

Satisfazer uma ansiedade temporariamente ilude, mas não me torna feliz. O não ser ansioso, sim.

(Cintilações 2)

▪

▪

Leu tratados sobre a felicidade.
Ouviu sermões e participou de rituais.
Consultou mestres e fez o que lhe
haviam ensinado.
Buscou por toda parte e seguiu
caminhos diversos.
Seguiu fórmulas e usou paramentos.
Tentou mesmo reformar-se...
Ao fim de cada dia, em sua alma,
sentia o amargo sabor da frustração,
o vinagre do desânimo.

Continua

Continuação

"Que me falta para tornar-me feliz?"
— perguntava-se.
Um dia intuiu que o abortado anseio
de felicidade era a causa de seu
dissabor e frustração.
Resolveu renunciar a ser feliz e
passou a servir...
E o milagre se fez.

(*Viver em Deus*)

▪

▪

A felicidade é daqueles que continuam
valentes, embora batidos, ulcerados,
preteridos, despojados, desprezados,
traídos, injustiçados... É daqueles que
sempre se levantam do chão onde a
adversidade os lançou.
A felicidade é patrimônio dos que
limpam o sangue dos olhos para
poderem continuar vendo
o horizonte que os atrai.

(Mergulho na paz)

▪

▪

Não se torne infeliz por um defeito seu ou por uma insuficiência física, moral ou econômica. Fique sabendo que a História demonstra que nenhum dos grandes heróis, estadistas, cientistas, sábios, poetas, ou santos, deixou de ter suas grandes dificuldades, e exatamente visando superá-las ganharam força e construíram grandes obras, grandes vidas. Você não tem dificuldade. Tem um estimulante desafio. Vá em frente. Paciente e seguramente, enfrente-o. Sem ter peninha de si mesmo — vença-o. Cresça acima de suas dificuldades.

(Programa de saúde)

▪

▪

Feliz é aquele que, convencido da transitoriedade de tudo, não sofre por não obter o que deseja, nem ao ser despojado do que supusera seu, nem quando lhe é impossível evitar ou rechaçar o que detesta, nem guarda o mau cheiro de ressentimentos.

(Cintilações 2)

▪

▪

A verdadeira e eterna felicidade se
alcança e desfruta no cultivo da
equanimidade, quando o sábio não se
deixa perturbar pela sucessão de
ganhos e perdas, subidas e descidas,
nascimentos e mortes, afagos e golpes,
boas e más notícias...

(Cintilações 2)

▪

▪

Se você é desses que dizem com muito empenho "adoro isto", "detesto aquilo", acautele-se.
Não poderá ter sempre aquilo de que muito gosta. E isto lhe traz sofrimento. Desejo insatisfeito é sofrimento. Apego frustrado é sofrimento.
Nem sempre você conseguirá afastar aquilo que detesta. E isto lhe faz sofrer. Suportar uma presença incômoda, que lhe é irremediavelmente imposta, é sofrimento.

Continua

Continuação

Não será por isto que você não
consegue ser feliz, e anda inquieto
e irritado?
Não será hora de mudar, e passar a
cultivar a meiga equanimidade?
Ser equânime é ser forte e
imperturbável.

(Deus investe em você)

▪

▪

Sem resignação, impossível
é ser feliz.
Ai daqueles que esperam, desejam ou
supõem poder viver sem a presença de
algumas lágrimas!
Sem coragem e resignação a felicidade
não existe.

(Mergulho na paz)

▪

▪

Quem quer ser feliz não fica assim,
em lamentos constantes.
Para teu bem, evita lamúrias.

(Mergulho na paz)

▪

▪

Dificilmente um jovem consegue desfrutar as delícias dessa raridade que é o "sentimento de bastante". Tal sentimento de já *possuir* (*fazer, gozar e realizar*) "o bastante" é uma conquista de quem, amadurecido e liberto de ilusões e ansiedades, já consegue serenamente abrir mão de posses, cargos, diplomas, honrarias, vaidades... Tal desapego acontece somente aos raros que, por muito vividos, já se *desiludiram* com a embusteira felicidade de poder dizer: *estas coisas, estas conquistas, estas pessoas, estes prêmios, estes aplausos, tudo isto é meu.*

(*Saúde na terceira idade*)

▪

▪

Não é satisfazer a insatisfação o que nos faz felizes. O não ter a insatisfação, sim.

(Yoga para nervosos)

▪

▪

Concluo que conhecerá a felicidade que busca, se procurar descobrir o poder mágico do contentamento, ou seja, cultivar o "sentimento de bastante". Você se mostra descontente com o que é, com o que tem, com o que sente... Será que você sabe aquilo que realmente é? Aquilo que realmente tem? Você se conhece? Ou supõe apenas que você é isto que lhe parecer ser?

Continua

Continuação

Quer uma sugestão?
Trate de aceitar-se como é. Trate de não se apavorar, de não buscar fugir do que sente, do que lhe acontece.
A ansiedade por tornar-se diferente do que julga ser é a causa maior de seus sofrimentos.
Analise-se. Conheça-se. Mas ao tentar conhecer-se não se rejeite. Não se rebele contra o que vem supondo que é. Fique no que é, e não se atormente pelo que desejaria que fosse.
Somente quando você conseguir aceitar-se, reduzirá a ansiedade, e só assim terá condições para ser feliz.

(Yoga, paz com a vida — Logoterapia para nervosos)

▪

▪

Não se turbe tua felicidade pelas maldades, crimes, vícios, fomes, guerras e perdições que assolam o mundo e agourentas predições que o ameaçam. Continua sereno.
Não devemos esquecer que, até certo ponto, temos o dever de tentar salvar alguma coisa. Precisamos esforçar-nos para evitar a hecatombe e criar algo no meio da devastação. Mas... Que pode fazer o menino pastor para evitar que a plantação seja pisada pela manada que estourou?

(Mergulho na paz)

▪

▪

Habilidade para manter
relacionamentos afetuosos
evidentemente é uma qualidade
geradora de felicidade, de saúde
mental, e de *ahimsa*.
Esta habilidade e *ahimsa* se relacionam
em mútua causação, isto é, uma
promove a outra.

(Convite à não violência)

▪

▪

Você já viu uma pessoa feliz e forte,
sábia e em paz, viver a brigar
com os outros?
Você já observou como uma pessoa
fraca, infeliz, ignorante e conflitada
não perde ocasião de pretender
impor-se aos outros com suposta
valentia, com estúpidas
demonstrações de coragem e
ostentação?
Quem é feliz é sempre bom.
Quem é infeliz ou fraco é que se sente
impulsionado a provar que não o é, e
para isso, chega a ser agressivo.

(Deus investe em você)

▪

▪

Só o homem inferior, instintivo,
primitivo e frustrado; só o homem
que não tem a coragem de ser brando
e bondoso recorre à violência,
responde com violência, se defende
com violência.
A violência nasce da fraqueza e da
infelicidade.
A Não Violência, ou o Amor, nasce da
verdadeira fortaleza e da felicidade
verdadeira, que moram no bondoso
coração do homem sábio.

(Deus investe em você)

▪

■

Os violentos são infelizes. Só os infelizes agridem. Cultivar não violência é um caminhar para a felicidade. A violência é a manifestação externa do conflito, do vazio, do tédio e do medo que estão dentro da alma. O Yoga, como método de vida, pode criar as condições necessárias para chegarmos à não violência.

(Sabedoria — Prefácios de Hermógenes)

■

▪

A não violência, conforme Jesus e outros Mestres ensinaram e Mahatma Gandhi tão fielmente praticou em nossos dias, é uma conquista sublime. É a conquista da própria invencibilidade. É viver feliz. É ser dono do maior poder — o Amor. É expandir-se nos céus da libertação.

(Sabedoria — Prefácios de Hermógenes)

▪

▪

Quem é sadio e sábio não agride,
agrada.

(Yoga para nervosos)

▪

▪

A *mente* é a faculdade exclusiva e característica do reino hominal. É o que põe o homem em condições de construir seu destino supremo ou mergulhar em desatino desagregador. A mente cria para o homem a felicidade ou a desgraça, cria a saúde ou a doença, a vitória ou a derrota, a virtude ou o vício. Com ela o homem pode fazer de um pântano fétido um jardim florido, ou de uma exuberante floresta um deserto desolador. Ela dá ao homem paz ou guerra, justiça ou injustiça, beleza ou feiura, verdade ou mentira, harmonia ou desordem, alegria ou lamentos, serenidade ou remorso, liberdade ou servidão...

(Juventude verdade)

▪

▪

Aprimorando a mente, o homem rompe as cadeias que fazem dele um ser mais perigoso do que as próprias feras da floresta. O homem evolui na medida em que se liberta de seus defeitos, erros, maus hábitos, vícios, fraquezas, limitações... Para ser feliz e mesmo para merecer ser chamado homem, é preciso que a mente do indivíduo seja libertada de suas imperfeições.

Quais são as imperfeições da mente? São: medo, ódio, ressentimento, preguiça, confusão, agitação, lascívia, mentira, ilusão, embrutecimento, egoísmo, rivalidade, preconceito, embotamento e violência.

(Juventude verdade)

▪

▪

A imagem que a humanidade tem formado de si mesma não é das melhores, não é das mais auspiciosas, das mais propícias à felicidade, das que conduzem à liberdade, à paz e à verdade. Ao contrário, durante milênios estão nos convencendo de que somos "filhos do pecado" e vítimas quase indefesas nas mãos de Satã. Por seu lado, a psicanálise de Freud nos diz que somos uns infelizes morando sobre um monturo de dejetos reprimidos, que tendem a perturbar-nos, a adoecer-nos.

Continua

Continuação

Vivemos reprimindo o que está no fundo de nós mesmos — um *id* amoral, antissocial, que nada tem de grandioso. Assim, através dos séculos, estamos impingindo a nós mesmos um autorretrato tristemente lesivo, negativo e patogênico.

(Setas no caminho de volta)

▪

■

O ser humano comum toma como autorretrato o Fulano de Tal que pensa que é — um "eguinho" preso à sua escala de valores, engessado por limitações várias, dependente de mil coisas, consumista, carente, embora se suponha rico, que confunde prazer com felicidade, que não sabe de onde veio nem para onde caminhar, atirado de um lado para outro ao sabor dos vendavais de desejos, apegos, aversões, temores...

Continua

Continuação

A um tal homem a filosofia Vedanta da Índia sugere que adote e cultive como autorretrato sua verdadeira natureza, que é o Supremo Ser. Em suma, que se liberte da ilusão de ser uma onda e passe a cultivar e cultuar o Mar, infinito e eterno, que em essência ele é. (Setas no caminho de volta)

▪

▪

A normal tagarelice da mente não permite vivenciar a paz e a lucidez, bloqueia-nos o caminhar e torna impossível a libertação. O silêncio da mente tem o poder de mergulhar-nos na mais profunda felicidade. Calar a mente é o verdadeiro abre-te sésamo para a vastidão do Ser.

(Cintilações 2)

▪

▪

Passar da mente passiva e descontrolada para a mente ativa e dirigida, é solução infalível para o encontro da felicidade.

(Yoga para nervosos)

▪

▪

Mais felizes se tornarão os filhos de
pais que, com a mais poderosa
energia, insistam em afirmar:
"Filho, você é muito forte, muito forte
mesmo. Você é bom, inteligente,
tranquilo. Cada dia você se torna
melhor em todos os aspectos..."
Nós nos tornamos naquilo que
pensamos.

(Deus investe em você)

▪

▪

Quando perceber sua mente lhe
trazendo reminiscências doentias,
invejas, remorsos, tristezas,
ressentimentos, pessimismo, sugestões
perturbadoras... dê três passos para
trás de si mesmo, e diga-lhe:
"Epa! Comigo, não! Agora sou outro.
Não estou mais *a fim*. Chega de
consumir-me em pensamentos e
sentimentos mórbidos. Agora tenho
nova fase a viver. Sou feliz.
Indestrutível. Não importa tudo
quanto ocorreu.

Continua

Continuação

Agora estou disposto a ajudar, amparar, servir, compreender, perdoar... Nunca mais mendigue compaixão. Não, Dona Mente! Você agora vai ser reeducada para o bem, para a paz, para a força, para a Vida, para Deus."

(Yoga, paz com a vida — Logoterapia para nervosos)

▪

▪

Mude. Renove sua mente. Para defender-se, vigie suas convicções, suas crenças lesivas à felicidade, à liberdade, à saúde, à *superação*.

(Superação)

▪

▪

Convém-nos conviver com pessoas sãs e santas. Isto, por certo, favorece nossa natural imunidade físico-energético-psíquico-espiritual. Tais pessoas evoluídas nos passam felicidade verdadeira.

(Saúde na terceira idade)

▪

▪

Sang é um grupo de pessoas, uma comunidade, uma prolongada ligação pessoal com outrem, um estar frequentemente acompanhado pela mesma pessoa...
Satsang, isto é, ter sempre a companhia de um amigo ou Mestre, para, sempre juntos, caminharem para Deus é uma das setas mais importantes para guiar o caminhante em seu retorno à Felicidade, à Consciência Plena, à Realidade Suprema, e que, por isso mesmo, é veementemente recomendada por todos os Mestres e Avatares.

(Setas no caminho de volta)

▪

▪

O *satsang* que praticamos
mensalmente na Academia constitui
uma festa espiritualizante que agrada
a todos que comparecem. Peço aos
presentes que se esqueçam
completamente da pose e da
respeitabilidade adultas, e se
comportem alegre e espontaneamente
como a criança que um dia foram,
e que agora se acha presa e reprimida,
frustrada. Durante o *satsang*,
cantamos, gesticulamos, dançamos,
gargalhamos, refletimos, meditamos,

Continua

Continuação

oramos, abençoamo-nos mutuamente, e ao final, com um abraço de todos para todos, trocamos frutas e flores que foram abençoadas, e expressam assim um puríssimo amor fraterno e universal. São minutos de uma rara felicidade espontânea, infantil, pura, descontraída, santificante, revigorante e terapêutica.

(Saúde plena com Yogaterapia)

▪

▪

Felicidade que a gente não
compartilha não é felicidade.
É furto, pois é fruto de egoísmo.
Muitas vezes, tenho encontrado
pessoas que juntaram muitas
propriedades, muito poder social ou
político, e vivem mergulhadas em
dissabor, neurose e angústia.
Quase sempre descubro que, por
estupidez, conseguiram tudo que
haviam buscado, mas usando meios
impuros e desonestos, sempre levadas
por um egoísmo doentio.
Só quando reduzimos o egoísmo
encontramos o melhor de nossas
vidas.

(Deus investe em você)

▪

▪

Felicidade se encontra minorando o amor hipertrofiado que temos por nós mesmos, cedendo lugar ao amor que devemos aos outros.

(Cintilações)

▪

▪

A Felicidade, que é Amor, é o que mais devemos *pensar*, *querer* e *criar* para o outro.

(Deus investe em você)

▪

▪

Aprenda a alegria de dar alegria, a felicidade de fazer os outros felizes. "Faça aos outros aquilo que você gostaria que fizessem a você."

(Programa de saúde)

▪

▪

Felicidade não compartilhada é
inviável ou falsa.

(Saúde plena com Yogaterapia)

▪

▪

Os movimentos mais avançados na ciência do homem ratificam o que sempre se acreditou: que o homem distanciado do bem adoece, fenece e se perde em sofrimento.
A psicocibernética, encabeçada por Maxwell Maltz, como também a moderna neurofisiologia, através de uma de suas eminências, o Dr. Paul Chauchard, demonstram a *responsabilidade* e a *liberdade* do homem na construção do seu destino.

(Yoga para nervosos)

▪

▪

Para sua felicidade, indague de si mesmo: "Que tenho eu emitido para o mundo, e para meus semelhantes?" Bênçãos ou maldições? Amor ou agressão? Bondade ou maldade? Santidade ou insanidade? Amparo ou destruição?
É fundamental que você se questione. Seus atuais sofrimentos, por certo, são autogerados, isto é, frutos dos retornos que lhe pertencem.

(Deus investe em você)

▪

▪

As pessoas mansas, pacíficas,
caridosas, sempre são fortes,
tranquilas, contentes e felizes.
Quem é feliz só quer o bem,
só faz o bem, só diz o bem...

(Deus investe em você)

▪

▪

Quem não procura ser feliz?
Todos. Não é?
Saiba que a conjugação de dois fatores nos cria a felicidade: (1) nós mesmos (2) e Deus.
Cabe a nós usar nosso agir, nosso falar, nosso desejar, nosso imaginar, nosso sentir sempre corretamente, isto é, com desprendimento, sem cobrar recompensas.
A Deus cabe cumprir sua Lei, que nos propiciará os bons resultados pelo bem que andamos praticando, falando, desejando, imaginando, sentindo...

(Deus investe em você)

▪

▪

As pessoas que aprenderam a se
dedicar aos necessitados, além de não
terem mais tempo para se
preocuparem consigo mesmas,
passaram a gozar uma condição que
se pode dizer feliz.

(Deus investe em você)

▪

▪

A sociedade e cada ser humano seriam verdadeiramente felizes se todos os profissionais e agentes da vida econômica e política se tornassem dignos de seu salário, servindo com honestidade, competência e acima de tudo com amor ao próximo e a Deus. Cada um se transformaria em "*sacerdote*" e seu trabalho, sublime oferenda.

(Iniciação ao Yoga)

▪

▪

Desculpe minha intromissão em sua
vida. Mas, ontem (basta lembrar-se de
ontem), a quantas pessoas ajudou?
Quantas vezes evitou mentir?
Quantas vezes e em que condições foi
honesto com os outros?
Quantas palavras amáveis disse, e
quantas alegrias deu aos outros?
Que uso fez de sua fala, de suas mãos,
de sua inteligência, de sua profissão?
Espero não estar lhe trazendo
aborrecimento ou apreensão.
Minha intenção, com isto, é aumentar
sua probabilidade de ser feliz,
de ter paz.

(Deus investe em você)

▪

▪

Acontecendo entre nós a *solidariedade*, os *deveres de justiça* são uma gloriosa consequência, pois defenderemos a vida, a verdade e a propriedade, finalmente a felicidade do outro, como a nossa, e, assim, nenhum mal lhe faremos. E o reino da paz absoluta reinará na Terra.

(*Juventude verdade*)

▪

▪

A sociedade "normótica" anda questionando e contestando a vida ética. Intelectualoides engendram espertos raciocínios e argumentos supostamente científicos, e com eles denunciam a moral como sendo uma medonha praga, geradora de *repressões* daninhas, isto é, geradora de doenças. Pouco está faltando para que defendam a tese de que uma vida ética dá câncer.

Continua

Continuação

Há mesmo quem, usando o rótulo de "terapeuta", afirme em "alto e bom som" que viver amoralmente é fator não só de criatividade, mas de saúde, vida e felicidade e até de "iluminação"! São eles os proclamadores da permissividade e lançam o *slogan* "é proibido proibir".

(Saúde plena com Yogaterapia)

▪

▪

O homem que a ciência e a técnica forjaram, embora superpoderoso, continuará indigente de felicidade e paz, segurança e lucidez, até conseguir cultivar e cultuar seu lado ético e espiritual.

(Cintilações 2)

▪

▪

Sem coragem, sem fé, sem destino, sem esperanças, o homem erra pelos desvios, entregando-se a toda sorte de fraquezas, a fugas, extravagâncias, delinquência, enfermidade, neurose, conflito, bebedeiras, luxúria. Ansiosamente persegue míticas compensações, excitantes experiências, tomando-as como solução para a grande infelicidade que é o viver sem objetivo, sem explicação, sem paz, sem consolo.

Continua

Continuação

Cada vez que peca, mais se compromete com o pecado, como o cavaleiro que tombou do cavalo e que acha mais segurança em fundir-se com a lama. Isto é o que acontece a muitos homens, os quais não alcançam ver que na ética ensinada pelos Grandes Mestres as mensagens de esperança, felicidade, alegria e consolo constituem a sua essência última.

(Autoperfeição com Hatha Yoga)

▪

▪

A educação moral requer uma permanente vigilância, uma consciência de si mesmo, somada à vontade e ao esforço pela libertação. À medida que moralmente se educa, a pessoa se torna mais feliz e mais senhora de si e, consequentemente, mais capaz de propiciar felicidade aos outros e fazer-se melhor cidadão.

(Juventude verdade)

▪

■

As terapias e a educação
egogratificantes recentemente vêm
tendo todo tempo, todo poder de agir,
todo espaço, todo crédito, plena
aceitação pela humanidade à qual têm
procurado prestar serviço. A que
resultados chegaram?!
Podemos dizer que o homem e sua
sociedade *normótica* e *egosclerosada* de
nossos dias encontraram paz? São
felizes? São justos? Vivem em
segurança? Gozam bem-estar?
São sadios?

Continua

Continuação

A resposta deve ser dada somente
após a leitura dos jornais e a audiência
dos noticiários irradiados de hoje.
A resposta só pode ser uma, aquela
que é evidentíssima: *NÃO*.

(O essencial da vida)

▪

▪

A felicidade não está em condições
objetivas, mas em uma condição
subjetiva, que o Yoga
nos ajuda a construir.

(Saúde plena com Yogaterapia)

▪

■

Yoga é um caminhar para uma felicidade incondicionada pelas exterioridades; é um desvencilhar-se do que limita e empobrece a personalidade, Yoga é independência. É sentir-se bem e feliz em si mesmo, sem precisar de voz simpática, cheirinho bom, ambiente aconchegante, temperatura amena, dinheiro no bolso, dia de sol, música suave e mesmo silêncio.

(Yoga para nervosos)

■

▪

No plano individual, Yoga harmoniza emoções e sentimentos, pacifica os conflitos, abranda as tensões, suplanta as vicissitudes, suprime o medo, implanta a paz, expande o amor, outorga alegria, radiante saúde e felicidade, enfim, unifica a "casa" antes "dividida"; alivia a carga; vence a dor existencial...

(Iniciação ao Yoga)

▪

▪

O que aprendi, estudando e experenciando durante 50 anos (na presente vida), me convence de que Yoga é uma nobre doutrina de eterna e universal eficácia, destinada a beneficiar todos os homens. Ensinado há milênios por *rishis* (sábios) e *avatares* (encarnações divinas), o Yoga é irretocável. Apesar de multimilenar, é eternamente atual. Surgiu já pronta e perfeita para ajudar a todos os homens e mulheres que, velhos ou jovens, sadios ou doentes, consciente ou inconscientemente anseiam pela volta ao "lar", anseiem pela libertação, pela iluminação, pela felicidade perfeita, pela plenificação de suas infinitas potencialidades espirituais.

(Iniciação ao Yoga)

▪

▪

As ações que o yoguin evita são as que o afastam de seu *sâdhana*, isto é, de seu caminhar para a Meta ou Realização Espiritual. Sua natureza essencial — a de um ser humano e chispa divina que o predestina ao Encontro redentor (*Yoga*). Quando ele vive em harmonia com as leis próprias de sua natureza, cumprindo seu *dharma*, goza o bem, a saúde e a felicidade. Ao contrário, todos os seus desvios (*adharma*) representam o mal, o sofrimento, a servidão e a dor.

(Yoga para nervosos)

▪

▪

Yoga para nervosos ensina como cultivar as "frentes" terapêuticas mais sutis, isto é, aquelas como a psicoterapia, a esteticoterapia e principalmente a logoterapia, as quais, conforme a pesquisa indica, promovem ideias, pensamentos, convicções, visualizações santificantes e através de vivências estéticas de harmonia, suavidade e beleza, criam endorfina e encefalina, esses benditos narcóticos naturais, produtores de euforia, serenidade e estados felizes.

Continua

Continuação

É assim e por isto que os que se entregam ao treinamento conseguem se autoinduzir a vivências que os viciados procuram usando as drogas dos traficantes. O caminho do Yoga conduz à verdadeira felicidade com liberdade. O caminho das drogas, à falsa felicidade, fugidia e a custo muito caro: a dependência, a intoxicação e a degradação.

(Saúde plena com Yogaterapia)

■

▪

Ainda melhor do que a auto-observação é a preciosa capacidade de relaxar-se. Vou entregar-lhe um tesouro dos céus. Você está sendo convidado a ingressar no "clube dos felizes", onde se reúnem pessoas que nunca se desgastam, nunca arrastam cruzes desnecessárias, e sabem, com inteligência e oportunidade, manter um agradável e permanente estado de relaxamento, e assim conseguem atravessar incólumes a procissão dos engatilhados e esgotados pelo estresse.

(Yoga para nervosos)

▪

▪

Yoga é algo inusitado — oferece o máximo de *benefícios* com o mínimo de *custo*. Não peço que acredite. Faça a experiência. Comece.
Você precisa e merece uma invejável *qualidade de vida*, uma vida ampla, rica, vitoriosa, fecunda, alegre, criativa e, finalmente, bem mais feliz. Tome posse de seu imenso potencial, que ainda desconhece.

(Autoperfeição com Hatha Yoga)

▪

▪

A Verdadeira Felicidade, denominada
Ananda, é o Ser Supremo que o
homem em realidade e essencialmente
É, mas a ignorância o impede de
encontrar e desfrutar. A Divina Bem-
Aventurança, que somos, não pode
resultar, portanto, de tecnologia
eletrônica, química, psicológica ou
mágica, atualmente em oferta no
mercado. Só é alcançável por um
libertador e definitivo apercebimento,
que nos desidentifique com o corpo,
com a mente e com a personalidade
transitória, e viabilize a simultânea
identificação com o Ser Supremo.

(Dê uma chance a Deus)

▪

▪

O ser humano é tanto mais sofredor, falível, fraco, inseguro, vazio e inferior quanto mais se distancie de Deus. A distância que separa o homem de Deus não se mede em quilômetros ou em anos-luz, mas é feita de *ignorância*, de *egoísmo* e de *hipocrisia*. Ninguém encontrará felicidade, paz, segurança, contentamento pleno e a verdadeira riqueza por meio da acumulação de valores materiais, glórias transitórias, poderes e posições que com o tempo apodrecem, nem através de prazeres, entorpecentes, vícios, sensualidade...

Continua

Continuação

A verdadeira paz e a felicidade perene
só se alcançam quando a distância
(ignorância e egoísmo) for reduzida e
chegarmos (mental e espiritualmente)
mais perto de Deus.

(Juventude verdade)

▪

▪

Oração, meditação, exercícios espirituais, adoração e rituais, que o homem religioso pratica, não constituem um dever, mas uma necessidade. Se somente bebendo água mitigamos a sede, beber na fonte deixa de ser dever para ser necessidade. Se somente perto (em mente e espírito) de Deus gozamos plena felicidade, aquela felicidade que os prazeres e valores mundanos não nos podem dar, tudo que fizermos para buscar a Deus constitui, não dever, mas necessidade vital.

(Juventude verdade)

▪

▪

Verdadeiramente felizes são os que naquilo que sentem, naquilo que pensam, dizem e fazem, já não andam em busca dos valores que a maioria ainda cultua e busca. Mas, ao contrário, anseiam, sim, pelo eterno e infinito valor do Espírito.

(Setas no caminho de volta)

▪

▪

O simples despertar de um yoguin em si mesmo já é um ritual para a felicidade. Ao abrir as cortinas da consciência da vigília, o primeiro contato com a chamada realidade deve ser marcado por um ato de amor e gratidão ao Criador. Um sentimento de profunda alegria e um espreguiçamento de corpo inteiro devem prefaciar seu dia. Faça como a passarada. Cante, dentro da catedral de sua alma, o mais lindo de todos os salmos: "Eu sou Tu."

(Autoperfeição com Hatha Yoga)

▪

▪

Sai Baba lembra que do Ser surgimos, assumindo uma evanescente existência, e existindo e padecendo o cósmico exílio, desafiados e convidados devemos sentir-nos voltando ao Ser, para que no Ser nos plenifiquemos de felicidade.

(Sabedoria — Prefácios de Hermógenes)

▪

▪

A felicidade certa e perene é rara, pois depende do nosso despertar para a Realidade Suprema. Enquanto nossa consciência alcança somente a pseudorrealidade do mundo, somos vulneráveis, falíveis, sujeitos aos "opostos" existenciais.

(Yoga, paz com a vida — Logoterapia para nervosos)

▪

▪

Se o que nos tem frustrado a sede de felicidade, e nos tem amargurado e retido é nosso agir egoístico e alienante, nosso caminhar consistirá em divinizar nossa atuação no mundo de Deus, e, assim, unir-nos ao Deus do mundo.

(Yoga: caminho para Deus)

▪

▪

Assim como os rios, na proximidade
da foz, já conseguem sentir o sabor do
mar, o caminhante, se suficientemente
humildado, começa a sentir paz,
aconchego, fartura, alegria,
segurança, amor, proteção, arrimo e,
finalmente, felicidade, tão abundantes
e disponíveis na "casa do Pai",
no "Reino dos Céus".

(O presente)

▪

▪

Florzinha roxa e bonitinha tomando
banho de sol na beira da estrada,
desculpa a indiferença com que o
viajante te pisou. Perdoa-o. Ele é tão
apressado. Tão infeliz. Perdoa-o.
O filhinho dele está muito doente e ele
é bom pai. Perdoa também aquele
outro. Ele também tem seus motivos:
está olhando estas terras para comprá-
las, loteá-las, e assim poder depositar
mais dinheiro no banco.
Perdoa-os, florzinha roxa pisada na
beira da estrada...

Continua

Continuação

Eles são tão apressados... Coitados...
Eles não têm tempo de descobrir
beleza em ti...
Eu, mais feliz que eles, que tenho
tempo para namorar-te, fico aqui um
pouco a conversar contigo.

(Silêncio, tranquilidade, luz)

▪

▪

A você, chuva cantante a encharcar a
terra, matando a sede das plantas,
meus agradecimentos.
Seja feliz, fogo alegre a espantar o frio
da noite.
Seja feliz, foco de lâmpada a iluminar
o papel ajudando-me a escrever. Você
— filho da técnica e reencarnação
científica da luz cósmica — receba
meus agradecimentos.
Que sejam felizes compositores,
poetas, sábios, lixeiros, amigos,
pseudoamigos, pseudoinimigos...
Que tenham felicidade todos vocês:
meus braços, meus olhos, minhas
veias e artérias...

Continua

Continuação

Também todos vocês: mãe, esposa,
irmãos, plantas, planetas, cascatas,
desertos, templos, borboletas, ruínas,
ondas, fundo de mar, algas, nuvens,
algo desconhecido...
Abençoados sejam sorrisos, tristezas,
lágrimas, febres, insônias, delírios,
entusiasmos, esperanças, desilusões,
nascimentos e mortes.
Sejam felizes todas as claridades que
me ajudaram no caminho e todas as
penumbras que me esconderam.
Que haja felicidade para vós,
Invisível, Indizível, Imóvel, Imutável,
Infinito Ser-Consciência-
Bem-Aventurança...

(Mergulho na paz)

▪

▪

Aproveitei a maré baixa e visitei os recifes. Nas poças represadas sobre as pedras, vi canteiros de vida: jardins multicores de sargaços. Eram peixinhos miúdos, coloridos, parecendo joias travessas. Escutei ondas bramindo, batendo, incansáveis e imponentes, em negras pedras que pareciam eternas. Torres brancas de espuma salgada a se erguerem do embate das vagas bilhões de vezes repetidas, desde eras sem conta, adorando e louvando os deuses lá do mais alto. Senti na pele presença de sal, ardores de sol, batidas do vento. Ali mergulhei e nadei, aproveitando as poças mais profundas.

Continua

Continuação

Depois, sentei-me nas pedras e, gostosamente, deixei que sobre mim caíssem espumantes cascatas de água despejadas da arrebentação do quebra-mar.

Gozei farta refeição para meus sentidos ávidos de beleza. Aprofundei ao máximo aquela aventura estática, estética, poética e mística. Fiquei parado, calado, atento...

Fiquei tão estático que enganei peixinhos e iludi camarões, vagando descuidados em torno de mim. Mistificados, pensaram por certo que eu era mineral, e perderam o acanhamento e o receio. Confiantes e naturais, mostraram-se como são na intimidade.

Continua

Continuação

Deixei-me ficar. Deixei-os em paz.
Parado, cabeça ao sol e o corpo
dentro do aquário natural, deixei-me
embeber de gozo, enamorado de tudo,
confundindo-me com tudo,
amando o Todo.
Se pudesse, teria mesmo virado pedra,
para servir de universo aos peixinhos,
caramujos, camarões... a todas aquelas
formas assumidas pela
Vida Universal.

(Mergulho na paz)

▪

Este livro foi composto na tipologia
Cochin, em corpo 10/13,
e impresso em papel offwhite
70g/m² na LIS Gráfica.